COMPTE-RENDU

DES TRAVAUX

DE LA

2e AMBULANCE VOLANTE

DE MAINE-ET-LOIRE

ATTACHÉE AU 75e RÉGIMENT DE MARCHE

(16e corps d'armée)

Par le Dr SOUBISE

Chef de l'ambulance.

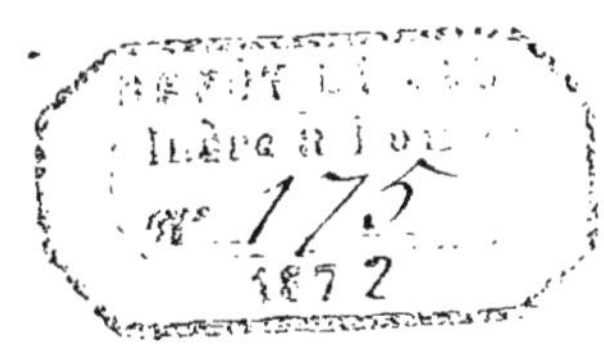

TOURS

IMPRIMERIE ET LIBRAIRIE ERNEST MAZEREAU

11, rue Richelieu, 11

1872

PERSONNEL DE L'AMBULANCE.

Chirurgien en chef, M. le Docteur SOUBISE.

Aides-chirurgiens, MM. BRIÈRE, FOURESTIÉ.

Fourrier d'ambulance, M. le comte Paul d'ONSEMBRAY.

Aumônier, M. l'abbé COMBES.

Infirmiers séminaristes, MM. l'abbé BALDET, GASTINEAU, frère VICTORIN.

Quatre infirmiers militaires appartenant à la garde mobile de Maine-et-Loire.

Pendant la première partie de la guerre, le docteur Soubise a appartenu à la 7e ambulance, dont les étapes principales ont été Sedan, Thionville et Metz.

MM. Brière et Fourestié étaient attachés à la 1re ambulance, qui est restée bloquée dans Metz jusqu'à la capitulation.

AVANT-PROPOS.

Le rapport que je livre à la publicité avait été inséré dans le journal *Les Libertés publiques* (d'Angers), le 14 février 1871, mais un grand nombre de fautes d'impression avaient été commises et n'avaient pu être rectifiées. D'un autre côté, les travaux de l'ambulance pendant son séjour à Laval n'étaient pas constatés. Ces deux motifs me déterminent à faire imprimer aujourd'hui un document qui peut intéresser le département de Maine-et-Loire, et aider à faire l'historique des services rendus par la Société française de secours aux blessés militaires, pendant la guerre de 1870-71.

L'Ile-Bouchard (Indre-et-Loire), 1er mai 1872.

RAPPORT

ADRESSÉ

A MONSEIGNEUR FREPPEL,

PRÉSIDENT DU COMITÉ SECTIONNAIRE D'ANGERS,

Le 15 janvier 1871.

MONSEIGNEUR,

Nous avons l'honneur de vous adresser le compte-rendu des travaux de l'ambulance du 4e bataillon des mobiles de Maine-et-Loire, depuis sa formation jusqu'à ce jour.

Attachés par vous à ce 4e bataillon, nous avons eu à cœur de le suivre dans toutes ses marches, et si, dans les nombreuses affaires où il a été engagé, nous n'avons pu recueillir tous ses blessés, c'est que, pendant une bataille, la position d'un régiment changeant d'un moment à l'autre, il est imposible de déplacer à chaque instant une ambulance, occupée déjà par un grand nombre de blessés.

M. Brière, aide chirurgien, a rejoint le bataillon à Ecomans, le 16 novembre : l'ambulance était alors composée de M. le comte d'Onsembray, fourrier, du frère Victorin, économe, et de deux séminaristes, MM. Baldet et Gastineau.

Elle recevait déjà des malades, et, lorsqu'elle a quitté Ecomans pour se rendre à Saint-Péravy, le nombre des journées de malades s'élevait à 255.

Arrivé à Saint-Péravy, le 20 novembre, M. Brière a installé l'ambulance dans la gendarmerie, et, pendant le séjour du régiment dans ce village, du 20 novembre au

1er décembre, il a soigné 76 malades. L'exiguité du local mis à sa disposition ne permettait pas de recevoir plus de quinze malades à la fois. Les maladies régnantes étaient alors la variole, la bronchite, les angines simples et couenneuses.

A la date des 28 et 30 novembre, M. le docteur Soubise, chirurgien en chef, et M. Fourestié, aide-chirurgien, sont venus compléter le personnel de l'ambulance.

Le 1er décembre, au matin, le 16e corps, marchant en avant jusqu'à Patay, nous y suivons le régiment. La bataille s'engage vers une heure. Nous cherchons alors un endroit propice pour y placer l'ambulance. Dresser des tentes est chose impraticable au moment d'une bataille; il vaut toujours mieux s'établir dans une ferme ou dans un village, afin d'avoir sous la main tout ce dont on a besoin pour le pansement des blessés et pour les opérations chirurgicales.

La ferme Guillard, située derrière nos lignes, près du centre de l'action, nous paraît remplir toutes les conditions désirables ; des blessés s'y trouvent déjà. Chacun de nous se met immédiatement à l'œuvre. Au fur et à mesure que nous pansons les blessés, nous envoyons jusqu'à Patay ceux qui peuvent marcher ; les autres sont déposés dans les granges de la ferme.

Vers le soir, tandis que deux d'entre nous continuent les soins à donner aux soldats qui se présentent, le troisième va parcourir le champ de bataille avec toutes les voitures que la ferme peut mettre à sa disposition.

Triste spectacle, Monseigneur, que celui d'un champ de bataille éclairé par la lueur des fermes incendiées, au milieu d'une nuit d'hiver et par dix degrés de froid. De petites masses blanches indiquent à nos voitures l'endroit où elles doivent s'arrêter : Là se trouvent des malheureux à qui leurs blessures n'ont pas permis de se traîner plus loin ; ils ont jeté sur eux leurs toiles de tente, attendant qu'une main charitable vienne les relever.

Les voitures rentrent à la ferme Guillard, vers 9 heures du soir, pleines de blessés gravement atteints. Parmi eux se trouve un soldat (Collet Pierre, 4e compagnie, 3e bataillon, du 37e de marche) dont le genou gauche est broyé par un éclat d'obus. Il faut lui amputer la cuisse. L'étable de la ferme nous tient lieu de salle d'opération. Nous amputons notre blessé, qui peut ensuite être transporté dans un des lits de la maison. Les autres malades, atteints pour la plupart de fractures par balles, reçoivent des appareils appropriés. Vers minuit nos travaux sont terminés ; nous pouvons alors prendre un peu de repos.

La matinée du 2 est consacrée au transport de tous les blessés à Patay. Nous les remettons entre les mains des médecins militaires, qui dirigent la vaste ambulance improvisée dans la propriété du maire.

De retour à la ferme, l'ambulance est dirigée vers le le village de Favrolles. Le canon gronde de ce côté ; Favrolles nous paraît être le point le plus rapproché de nos lignes et le plus convenable pour la mission que nous avons à remplir.

Arrivée vers 1 heure, l'ambulance s'installe dans une vaste ferme. Nous y pansions les blessés depuis une demi-heure quand on vient nous dire que le 16e corps se replie et que l'ennemi est proche du village. Nous devons nous retirer, emmenant avec nous les blessés.

Peu de temps après, nous établissons définitivement l'ambulance dans la ferme Muselle, située à quelques cents mètres de Favrolles. Nous y trouvons des blessées qui n'ont reçu aucuns soins ; leur nombre s'accroît rapidement

2

et bientôt tous les locaux disponibles, granges, étables et écuries sont encombrés.

Les pansements et les opérations urgentes occupent le personnel de l'ambulance jusqu'à minuit. Disons à la louange de nos infirmiers qu'ils montrèrent dans cette journée une activité et un dévouement qui d'ailleurs ne se sont pas démentis pendant le reste de la campagne. Les rations de pain, fournies par l'intendance à Saint-Péravy, permettent au frère Victorin de distribuer, dans la soirée, un peu de nourriture à tous les blessés.

Dans les granges se trouve de la paille en grande quantité ; on dispose des lits de campement sur lesquels les blessés, officiers et soldats, passent la nuit sans trop souffrir du froid qui fut très-vif pendant ces journées.

Deux lits disponibles dans la ferme sont donnés, l'un au capitaine Duverdier (8e d'artillerie), atteint de fracture compliquée de la jambe, l'autre à un pauvre mobile de la Sarthe (Chauvin, Albert, 2e compagnie, 2e bataillon, 33e de marche) auquel nous venons d'amputer la cuisse. Le personnel de l'ambulance passe le reste de la nuit dans une écurie avec des paysans de tout âge que la bataille a éloignés de leur demeure.

Restait pour le lendemain matin à amputer le bras d'un mobile de la Dordogne (Machery, Jean, 5me compagnie, 4e bataillon, 22e régiment de marche), dont le coude droit avait été fracassé par un éclat d'obus. Cette opération terminée, nous pansons encore plusieurs blessés arrivés ou apportés pendant la nuit et ensuite nous procédons au chargement et au transport de tous les malades. Dix grandes voitures entièrement remplies sont dirigées vers Patay.

Nous avons toujours tenu à n'abandonner l'ambulance qu'après l'évacuation de tous les blessés.

Le 3 décembre au matin, le 75e régiment se trouvait auprès de Terminier, très-réduit, hélas! par les pertes qu'il avait éprouvées la veille en officiers et en soldats. Nous songeons un moment à retourner à Favrolles, mais la bataille recommence et nous ne pouvons atteindre le village, abandonné du reste par ses habitants. Alors, sur l'avis de M. le commandant de la Vingtrie, l'ambulance prend la direction de Saint-Péravy. Par suite de l'encombrement des routes, elle ne peut atteindre ce village qu'à la nuit, le bataillon était alors revenu à Lignerolles, entre Saint-Péravy et Patay.

Dès le matin du 4 décembre, le combat recommence aux environs de Patay et de Terminier. Nous apprenons que les ambulances du 16e corps ont reçu l'ordre d'aller à Ormes, sur la route d'Orléans; nous suivons cet itinéraire.

Vers 11 heures, nos voitures avaient dépassé de cent mètres environ le chemin qui conduit de la route d'Orléans au bourg de Bussy-St-Liphar, quand la gendarmerie ordonna aux transports et ambulances de quitter la route d'Ormes pour prendre celle de Bussy.

L'ennemi, maître de la route d'Orléans, nous poursuivait; il nous fallut rétrograder et suivre les convois. En vain l'ambulance essaie de s'établir au château de la Corbillière; sa situation rapprochée du champ de bataille et les ressources que nous y trouvions, nous faisaient espérer d'y être utiles pendant la fin de la journée; mais à peine avions-nous pansé quelques blessés que nous devions, à notre grand regret, suivre le mouvement de notre armée et nous retirer. Avec elle nous allons jusqu'à Huisseau, transportant dans nos voitures ce qu'elles peuvent contenir de blessés. Dans ce village se trouvait la 7e ambulance volontaire de la société de secours. Nous cherchons à recueillir quelques indications positives sur le chemin que nous devons prendre : on nous apprend que le 16e corps est dirigé sur Meung où dans les environs. L'ambulance continue sa marche et, vers sept heures du soir elle arrive à Meung où nous recevons, chez M le docteur Samson, l'hospitalité la plus cordiale.

Le 5, des différents renseignements que nous recueillons auprès des docteurs Samson et Hybors, il résulte que notre présence à Meung est inutile. La ville ne contient plus qu'un petit nombre de blessés qui proviennent de la bataille de Coulmiers. Rester plus longtemps à Meung eût pu devenir compromettant pour l'ambulance ; nous prîmes la route de Beaugency. Les événements qui survinrent bientôt après justifièrent pleinement notre conduite.

A Beaugency, on nous fournit les renseignements les plus contradictoires et le lendemain seulement nous pouvons rejoindre le bataillon à Lorges.

Nous étions depuis deux heures dans ce village et déjà nous avions vu quelques malades, quand le départ subit des troupes dans la direction de Josnes et de Villorseaux nous oblige à reprendre le chemin de Beaugency où nous couchons.

Le 7, vers midi, alerte à Beaugency ; on fait évacuer la ville, nous suivons les troupes à Mer où s'étaient déjà transportées les ambulances militaires du 16e corps.

Dès le matin du 8 décembre, nous nous mettons à la disposition de M. le docteur Ferrand, chargé de la direction des ambulances de la ville. Les salles d'Asile de Mer contenaient une centaine de blessés et des malades. M. Ferrand, malgré son dévouement et son activité, ne pouvait suffire à cette énorme surcroît de travail ; il accepta avec plaisir notre concours et nous donna immédiatement pleins pouvoirs pour soigner les malades de l'asile.

Les soldats blessés légèrement sont pansés et évacués sans retard par le chemin de fer, afin de faire place aux nouveaux arrivants. En outre, nous trouvons dans cette ambulance des blessures graves; il nous faut appliquer plusieurs appareils de fracture et pratiquer quelques petites opérations qui nous retiennent jusqu'à deux heures de l'après-midi.

On se battait encore non loin de Mer, mais malgré notre vif désir de nous porter immédiatement sur le théâtre de l'action, nous devons rester afin d'aider M. le docteur Ferrand dans une amputation de cuisse : nous ne sommes libre qu'à 6 heures du soir.

Nous nous dirigeons alors vers Josnes, emportant une valise pleine de linge et la boîte à pharmacie. L'ambulance militaire y fonctionne depuis le commencement de la bataille et a soigné presque tous les blessés. En parcourant le village, nous acquérons la certitude que l'ambulance y serait inutile et que nous devons retourner à Mer. Notre présence allait, en effet, devenir nécessaire dans cette petite ville, vers laquelle on dirigeait les voitures et les cacolets.

A minuit, nous étions de retour. Vers trois heures du matin, des nouvelles alarmantes jettent la panique dans la ville. Les troupes cantonnées dans les maisons, les voitures de transport et les ambulances militaires sont envoyées immédiatement sur la route de Blois.

A 3 heures et demie, nous nous levons aussi; les voitures sont attelées; mais la pensée que nous allons laisser derrière nous plus de 500 blessés, privés de soins par le départ de toutes les ambulances, nous décide à rester et à ne partir qu'au dernier moment. Néanmoins, le fourgon est envoyé à Blois avec les bagages des officiers du bataillon. Cette précaution nous en priva longtemps, car nous ne le retrouvâmes qu'au Mans, 12 jours après.

Bien nous en prit d'être restés. Le jour venu, la ville était aussi calme que la veille, et, de tous côtés, on réclamait des médecins. Au château de la Corbillière, à la mairie, à l'hôtel Jolliveau, à la salle de danse, dans beaucoup de maisons particulières se trouve une multitude de blessés.

Après avoir consulté M. le docteur Ferrand, nous commençons par les ambulances de l'Asile. Pendant cette matinée du 9 décembre, nous devons y pratiquer une désarticulation de l'épaule (Agé, François, 2e Cie, 1er bat., 45me de marche), et plusieurs autres opérations de moindre importance. De l'asile, nous allons à la mairie qui est entièrement remplie de blessés. Ils sont pansés par nous et tous ceux qui sont transportables sont immédiatement conduits à la gare où un train les attend.

De la mairie nous gagnons le château de la Corbillière. Cette vaste maison renferme au moins deux cents blessés. Les soins qu'ils réclament occupent le personnel de l'ambulance jusqu'à la nuit. Dans la soirée, pendant que l'un de nous visite quelques maisons particulières, les deux autres terminent leur journée, auprès d'une cinquantaine de blessés réfugiés dans la salle de danse.

Le lendemain, même occupation ; au fur et à mesure que les blessés partent, le combat qui ne cesse pas remplit de nouveau nos ambulances. Pendant cette journée, nous avons à signaler trois grandes opérations ; voici les noms de nos opérés :

1° Boudan, Guillaume (du 45e de marche), éclat d'obus à la main gauche, fracture comminutive de tous les métacarpiens et broiement des parties molles. — Amputation de l'avant-bras au 1/4 inférieur.

2e Lambert, Ferdinand (4e compagnie, 2e bataillon du 39e de marche), fracture comminutive du tibia et du péronné au 1/4 supérieur de la jambe droite, par balle, communication du foyer de la fracture avec l'articulation. Amputation de la cuisse au tiers inférieur.

3o X... déposé au no 6 de la salle no 1, ambulance de l'École des Frères à Mer (la note indiquant le nom de ce blessé a été égarée.) Eclat d'obus à l'avant-bras droit; perte de substance énorme des parties molles; destruction de 15 centimètres du cubitus et fracture comminutive du radius. Amputation du bras au tiers inférieur.

Les amputés et les soldats atteints de blessures graves trouvèrent à l'asile de bons lits, ils y reçurent les soins empressés et intelligents des Sœurs de la Providence de Ruiller-sur-Loir. Qu'il nous soit permis de remercier ici ces femmes dévouées pour le généreux concours qu'elles nous ont prêté pendant notre séjour à Mer.

Le 11 décembre nous trouvons encore des blessés au château de la Corbillière, mais moins nombreux, car la plupart ont été évacués.

Dans l'après-midi les médecins de l'ambulance se transportent au château d'Avaray, situé à 5 kilomètres de Mer, sur la route de Beaugency. Une trentaine de blessés et malades, réunis dans un appartement voisin du château, n'avaient point encore été vus par le médecin. Les pansements faits, nous donnons aux infirmières les indications nécessaires, nous formulons un traitement pour les malades et nous reprenons la route de Mer.

A notre arrivée dans cette ville, le docteur Ferrand nous prie de vouloir bien aller à Suèvres, chez M. Barat, voir un soldat grièvement blessé, dont l'état nécessite, croit-il, quelque opération. Ce pauvre soldat avait en effet les deux jambes fracturées et tellement mutilées que l'amputation des deux cuisses eût été nécessaire. L'état général du malade, blessé depuis cinq jours, ne permet pas de tenter cette double opération. Nous lui appliquons, dans le but de diminuer ses souffrances, deux appareils à fracture. Après cette première visite, nous allons à l'École des Sœurs où nous donnons des soins à une quinzaine de blessés environ.

Rentrés à Mer, nous nous rendons à l'ambulance que le docteur Ferrand a installée dans son salon et nous l'aidons pendant quelques instants.

Le 12 au matin, après notre visite à la Corbillière, nous nous dirigions vers l'Asile lorsqu'on nous prévint de la présence de l'ennemi à deux kilomètres de la ville. Il fallait partir ; nous prenons congé de M. le docteur Ferrand, et, pendant que notre voiture et les infirmiers sortent de Mer par la route de Pontijou, nous disons un dernier adieu aux blessés de l'Asile, puis nous quittons la ville, alors que l'ennemi y entre par la route de Beaugency.

Le 12 décembre vers 3 heures, l'ambulance rejoignait le bataillon sur la route de Pontijou à Oucques, le soir nous nous arrêtions à ce dernier village.

Le 13, le mouvement de retraite continuant, nous accompagnons le 16e corps à Vendôme. Espérant séjourner pendant quelque temps dans cette ville, nous nous mettons immédiatement à la disposition du maire, qui nous apprend qu'une vaste ambulance a été créée dans le Lycée. La direction en était confiée à Mme Cahen, vice-présidente du Comité des dames de la Société de secours de Paris. Cette dame continuait à Vendôme l'œuvre qu'elle avait si bien commencée, sous nos yeux, dans la 1re ambulance, pendant le blocus de Metz. Nous trouvons également dans cette ambulance trois de nos anciens collègues et amis. Pendant notre séjour à Vendôme, nous restâmes à l'ambulance du Lycée, heureux d'alléger un peu la lourde tâche qui leur était imposée.

Le 15, dans l'après-midi, le 16ᵉ corps prend la route d'Azay; nous atteignons ce village dans la soirée.

Pendant la matinée du 16, nous rejoignons le bataillon à Villiers et nous l'accompagnons jusqu'à l'endroit appelé *Gué du Loir;* là, sachant qu'il va se diriger par Mazange sur Saint-Calais, nous suivons la vallée du Boulou, pour regagner Azay où notre voiture est restée. Chemin faisant, nous croisons les convois et l'artillerie qui se retirent rapidement du côté de Mazange.

Ces troupes nous apprennent qu'elles viennent d'être attaquées aux environs d'Azay. Nous poursuivons néanmoins notre marche vers ce dernier village, voulant sauver notre voiture; mais bientôt l'ennemi, maître des hauteurs qui dominent la vallée, dirige une seconde attaque sur les convois qui sont près de nous.

Nous sommes alors forcés d'abandonner la route et de revenir jusqu'à Azay, à travers bois; là, le curé nous dit que l'ambulance a été envoyée depuis trois heures dans la direction d'Épuisay. Nous repartons aussitôt du village d'Azay, et, à 10 heures du soir, nous retrouvons notre voiture à Épuisay.

Le 17, l'ambulance arrivait avec l'armée à Saint-Calais; elle y resta 24 heures. Depuis Saint-Calais jusqu'au Mans, elle a cherché à se rendre utile, soit en transportant les malades qui se présentaient, soit en donnant quelques consultations dans les villages où elle est passée.

Au Mans, nous avons séjourné depuis le 20 décembre jusqu'au 12 janvier. Pendant ce temps, nous avons fait des démarches auprès de M. le Dʳ Mordret, médecin en chef des ambulances civiles, et auprès des chirurgiens militaires pour avoir des malades à soigner; mais ces démarches n'ont pas abouti parce que nous ne pouvions nous charger de ces malades dans le cas où notre corps se déplacerait. Du reste la ville du Mans, ne contenant pas de blessés, avait besoin de beaucoup moins de médecins pour assurer le service de ses ambulances. Disons cependant que, pendant une partie de notre séjour, nous avons fait le service médical du bataillon et aussi de tout le régiment dont les chirurgiens se trouvaient malades ou en congé.

A la fin de décembre, le frère Victorin nous quittait pour retourner à Angers. Tout en regrettant son départ qui privait l'ambulance d'un de ses membres dévoués, nous fûmes heureux de voir arriver parmi nous M. l'abbé Combes, aumônier, qui nous avait déjà prêté son concours en mainte circonstance.

Rappelons ici la mort d'un de nos infirmiers Henri Coraboeuf, enlevé en quelques jours par une variole hémorrhagique.

Le 10 janvier, nous apprenons qu'une bataille s'engage du côté de Parigné-l'Évêque.

Nous emmenons nos voitures dans cette direction, nous guidant sur les positions qu'occupait alors la 1re division du 16e corps; mais la retraite d'une partie de l'armée sous les murs du Mans nous arrête à quelques kilomètres de la ville, sur la route du Grand-Lucé.

Dans matinée du 11, nous étions avec le régiment; tout nous annonçait un engagement sérieux pour ce jour-là, mais un officier d'état-major nous prie de faire retirer nos voitures dont le drapeau peut servir de point de mire à l'ennemi. Du reste, le bataillon partait pour occuper une autre position, vers le Tertre-Rouge. Le canon grondait déjà. Placée à la Tuilerie, sur la route de Tours, l'ambulance ne nous parut pas très-utile en cet endroit; nous dûmes revenir sur la route de Parigné-l'Évêque. C'est par là en effet qu'arrivaient les blessés. Nous trouvant très-près du Mans, nous n'arrêtons que ceux dont l'état nécessite des soins immédiats.

Vers la nuit, jugeant notre présence peu utile en cet endroit, nous revenons au Mans, où nous étions certains de trouver beaucoup à faire.

M. d'Onsembray nous présente à M. de Chauvigné, sous-intendant militaire, qui paraît heureux de nous rencontrer. Il nous prie de donner nos soins aux nombreux blessés que l'on venait de transporter dans l'ambulance des Docks. A 1 heure du matin, tous étaient pansés.

Le 12, nous retournions à Pontlieu, lorsqu'on nous apprend que l'armée se replie sur Laval. L'ambulance suit les convois. Mais l'encombrement est si grand aux portes de la ville et sur les routes, que, partis à 10 heures du matin, nous n'arrivons qu'à 10 heures du soir à Coulans, village situé à 12 kilomètres du Mans. Nous emmenons avec nous M. le commandant du bataillon, malade depuis plusieurs jours.

Depuis les affaires du Mans, n'ayant à enregistrer que des misères personnelles, des départs précipités, des marches de nuit dans la neige, nous n'insisterons pas sur ces détails.

Ici, Monseigneur, se termine le récit de ce qu'a pu faire l'ambulance du 4e bataillon des mobiles de Maine-et-Loire, formée par vos soins et sous votre direction.

Laval, *le* 15 *janvier* 1871.

Dr Soubise, *chirurgien en chef.*
L. Brière, *aide-chirurgien.*
H. Fourestié, *id.*

Arrivée à Laval, l'ambulance dut rester inactive pendant quelques jours, ignorant complétement quelle serait la marche ultérieure des événements. Mais, le 28 janvier, apprenant que Paris avait capitulé et qu'un armistice venait d'être signé, je pensai qu'une *ambulance volante* n'avait plus sa raison d'être, et que si nous voulions nous rendre utiles désormais, il nous fallait prendre une *ambulance sédentaire*. Notre fourrier, M. le comte d'Onsembray, nous quitta pour retourner dans sa famille, à Angers.

Accompagné de mes aides-chirurgiens, j'allai me mettre à la disposition de M. le docteur de Combarieu, médecin en chef de la deuxième armée de la Loire. M. de Combarieu accueillit favorablement ma demande; il me dit qu'une vaste ambulance destinée à recevoir tous les varioleux allait être installée dans les bâtiments de la caserne des Cordeliers, et qu'il m'en donnerait la direction. La caserne des Cordeliers fut rapidement mise en état de recevoir des malades, grâce à l'activité de l'intendance militaire dirigée par M. Conseillant, et, le 8 février, je prenais possession de mon service.

On avait bien voulu m'adjoindre un pharmacien-major de l'armée, M. Parent, et 50 infirmiers militaires; un officier d'intendance était chargé de la comptabilité hospitalière. Les médicaments que nous possédions furent remis à M. Parent, et M. le docteur Jeannel, pharmacien en chef de l'armée, après avoir visité notre pharmacie, s'empressa de nous procurer les produits qui nous manquaient.

L'hôpital contenait 200 lits qui furent bientôt tous occupés. En partageant les salles de malades avec mes aides-chirurgiens, MM. Brière et Fourestié, je parvins à assurer le service, et leur concours dévoué me permit de soigner du 8 février au 8 mars 430 malades, dont 165 varioleux, 119 galeux et 146 fiévreux (scarlatine, fièvre typhoïde, pneunomie, etc.)

Le 8 mars, M. l'intendant militaire vint m'annoncer que la caserne allait être rendue à sa destination première, et me pria de présider à l'évacuation des malades. Cette évacuation put s'effectüer facilement avec les voitures de l'ambulance de Maine-et-Loire et celles que le comité de la société de secours de Laval voulut bien mettre à notre disposition. Les malades en voie de guérison furent envoyés en convalescence; les autres furent transportés à l'hôpital Saint-Julien et à l'hôpital Saint-Louis à Laval.

La guerre terminée, notre tâche était finie; nous partîmes donc pour Angers afin de rendre au comité le matériel qu'il nous avait confié.

Je ne voudrais pas terminer ce rapport sans remercier mes collègues et amis, MM. Brière et Fourestié, du concours intelligent et dévoué qu'ils m'ont prêté pendant toute la campagne. Qu'il me soit permis aussi de remercier M. l'abbé Combes qui, tour à tour, prêtre et infirmier, a constamment prodigué ses soins à nos malades et à nos blessés.

Un mot encore à la mémoire de l'un de nos courageux infirmiers, Bellanger, mort à Angers d'une maladie de poitrine contractée pendant la campagne.

Dr Soubise.

Je crois devoir joindre à ce rapport une lettre et deux certificats attestant les services que nous avons été heureux de pouvoir rendre à la deuxième armée de la Loire :

Le Mans, 16 novembre 1871.

Monsieur le Docteur,

Je m'empresse de vous adresser sous ce pli le certificat que vous me demandez par votre lettre du 9 de ce mois.

Je me fais un plaisir de vous délivrer cette pièce qui sera pour vous une preuve des services si dévoués que vous avez rendus à nos si nombreux malades atteints, pour la plupart, de la variole.

Veuillez agréer....

Le sous-intendant militaire,
CONSEILLANT.

Certificat n° 1.

Je soussigné, sous-intendant militaire de 1re classe, chargé du service des hôpitaux et ambulances, au grand quartier général de la deuxième armée de la Loire, certifie que M. le docteur Soubise, chirurgien en chef de l'ambulance de Maine-et-Loire, a été chargé de diriger le service médical à l'hôpital temporaire des Cordeliers, installé à Laval pour y recevoir les malades de l'armée atteints de la variole et d'autres maladies contagieuses.

M. le docteur Soubise, dont le service a duré depuis le 8 février 1871 jusqu'au 8 mars suivant, date à laquelle a été fermé l'hôpital, a fait preuve, dans l'exercice de ses fonctions, pour lesquelles il était secondé par un personnel médical très-restreint, d'un zèle, d'un dévouement et d'une abnégation auxquels je me plais de rendre complète justice.

Le personnel qui concourait avec lui au service médical, se composait d'un pharmacien-major de l'armée et de deux médecins-élèves civils, qui lui ont prêté le concours le plus dévoué.

Le Mans, le 15 novembre 1871.

Signé : CONSEILLANT.

Certificat n° 2.

Je soussigné, Ferrand (Aristide-Joseph), docteur-médecin à Mer, département de Loir-et-Cher, certifie que M. le docteur Soubise (Armel-Auguste), de l'Ile-Bouchard (Indre-et-Loire), médecin en chef de l'ambulance de Maine-et-Loire durant la guerre, a séjourné à Mer pendant quatre jours, du 8 au 12 décembre, alors que la ville était encombrée de blessés.

Dès en arrivant, M. le docteur Soubise s'est mis à ma disposition, il m'a prêté dans cet espace de temps un concours actif et dévoué pour faire des opérations et panser les blessés; son ambulance est restée seule à Mer après le départ des troupes françaises, elle n'a quitté le pays qu'au moment où les soldats allemands sont entrés à Mer.

Fait à Mer, le 2 novembre 1871.

Dr FERRAND.

Imprimerie MAZEREAU, rue Richelieu, 11, à Tours.

www.ingramcontent.com/pod-product-compliance
Ingram Content Group UK Ltd.
Pitfield, Milton Keynes, MK11 3LW, UK
UKHW022207190726
13855UKWH00004B/1648